AF394823

LETTRE

SUR L'ORIGINE

DE

L'IMPRIMERIE,

Servant de RÉPONSE *aux* OBSERVATIONS *publiées par* M. FOURNIER *le jeune, sur l'Ouvrage de* M. SCHŒPFLIN, *intitulé*

Vindiciæ Typographicæ.

Homine imperito nunquam quidquam injustius,
Qui nisi quod ipse facit, nibil rectum putat.
Terent. Adelph.

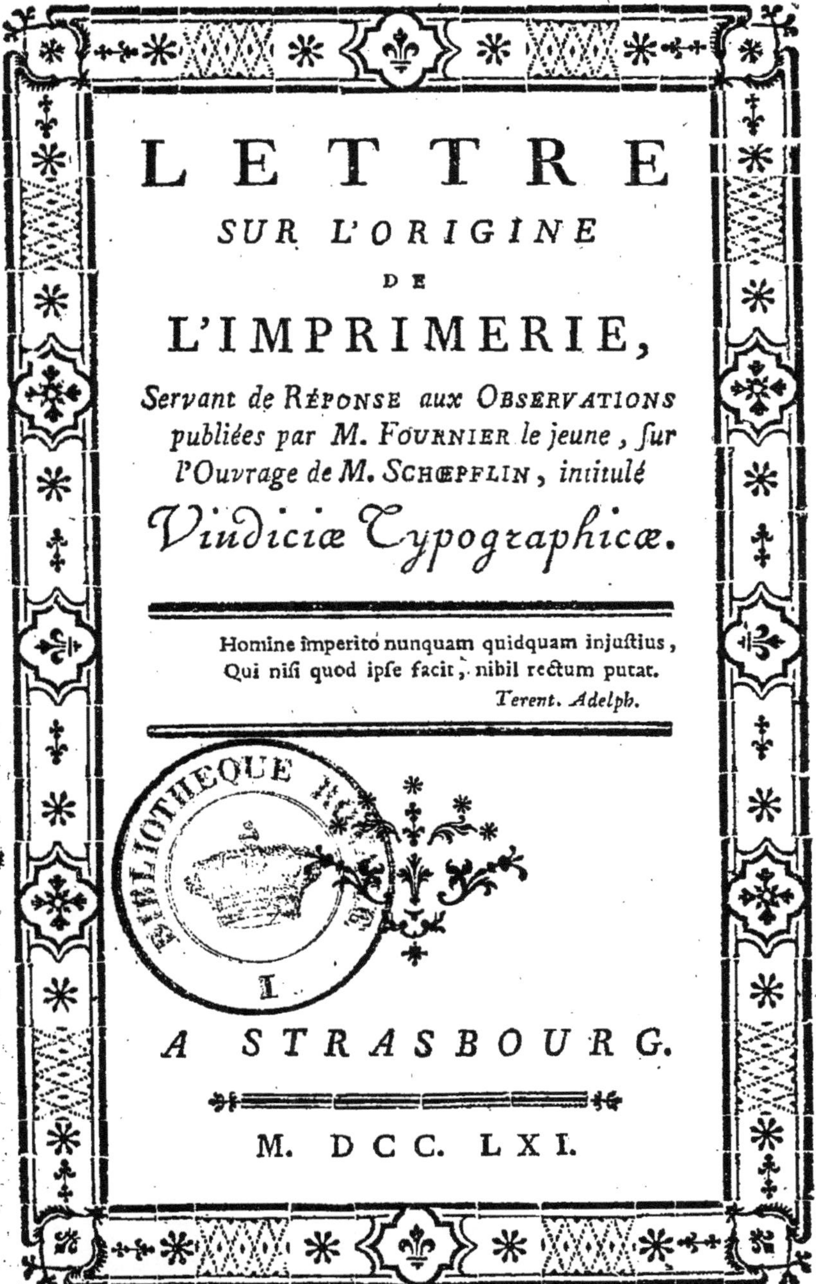

A STRASBOURG.

M. DCC. LXI.

LETTRE

SUR L'ORIGINE
DE
L'IMPRIMERIE,

Servant de Réponse aux Observations publiées par M. Fournier le jeune, sur l'Ouvrage de M. Schœpflin, intitulé Vindiciæ Typographicæ.

Monsieur,

Me permettrez-vous de vous adresser une Lettre moins importante par son objet, que par la réputation d'un Homme de Lettres du premier ordre, dont j'embrasse la cause par amour pour la vérité, par justice, par devoir & par reconnoissance. Vous avez lu le traité que M. Schœpflin, Historiographe du Roi & Professeur de l'Université de Strasbourg, a publié vers le commencement de l'année dernière, sous le titre, *Vindiciæ Typographicæ.* Ce

A iij

Livre a été reçu avec applaudiffement par tous
les Sçavans de l'Europe qui ont eu occafion
de le voir; & tous le regardoient comme dé-
cififf dans la fameufe difpute fur l'Origine de
l'Imprimerie. M. Fournier, Maître Fondeur
& Graveur à Paris, étoit le feul qui ne fût pas
de cet avis. M. Schœpflin ayant prouvé, dans
fon Ouvrage, que Guttemberg a inventé à
Strafbourg les Caractères mobiles de bois, &
ce fentiment étant différent de celui que
M. Fournier a avancé dans fa Differtation
fur l'Origine de l'Imprimerie; ce Fondeur a
publié des Obfervations fur l'ouvrage de ce
Sçavant, dans lefquelles il cherche à le réfuter. Ces Obfervations pourroient très-bien
demeurer fans réponfe, fi tout le monde vouloit fe donner la peine de les examiner à
fond, & fi, pour en juger avec connoiffance
de caufe, il ne falloit pas entrer dans un détail
impoffible à tout homme qui n'eft pas au fait
de la langue Allemande. J'ai donc cru rendre
fervice aux Gens de Lettres, en publiant des
Obfervations fur les Obfervations de M. Fournier : & je me flatte que vous les trouverez
auffi folides qu'elles m'ont paru néceffaires.

Il eft vrai que M. Fournier me récufera
peut être pour juge dans une matière fur laquelle, comme il l'avance fur prefque toutes
les pages de fes Differtations, on ne fçauroit
porter un jugement fûr, à moins d'être

Maître Imprimeur & Fondeur : mais, comme je ne veux attaquer principalement que sa logique, & que je prétends être pour le moins aussi bon Logicien qu'il est habile Fondeur, je m'en rapporterai au jugement du public; & j'espère que M. Fournier ne m'en fera pas un crime.

J'ai dit, Monsieur, que je n'attaquerai principalement que la logique de M. Fournier; &, par conséquent, je pourrai me dispenser de faire d'autres observations sur les écrits de ce Fondeur. Je ne vous dirai donc qu'en passant, que c'est à lui que nous devons la découverte de sçavoir que les Sarrasins, les Maures, & les Iconoclastes ont dévasté la ville de Rome après les Goths, & y ont détruit les monumens des arts (a). C'est encore à lui que nous avons l'obligation d'apprendre que Sébastien Brand (b) étoit un fameux Graveur en bois, lequel a gravé les estampes pour le livre intitulé *la Nef des Foux* (das Narren schiff). Jusqu'ici, tous les Gens de Lettres ont regardé ce Brand comme auteur de ce Poëme : la ville de Strasbourg, dont il étoit né & où il a demeuré, étoit dans le même préjugé : sa famille, qui existe encore aujourd'hui, est également imbue de cette erreur; &, pour nous y confirmer, la première édition de

____

(a) Differt. I. page 12.　　(b) Differt. I, page 60.

ce livre, en vers Allemands, finit par ces deux vers:

> Der diefes fchrieb, der ward genant
> Der narr Sebaftianus Brand.

C'eft-à-dire,

> L'Auteur, qui a écrit ceci, eft appellé le fol Sébaftien Brand.

Cependant M. Fournier nous apprend que ce Brand n'a été que le Graveur des eftampes : c'eft à nous à chercher maintenant quelque autre Poëte à qui nous puiffions attribuer le livre.

Je pourrois, Monfieur, vous citer encore quelques autres anecdotes femblables. Mais celles-ci fuffifent pour vous convaincre de l'exactitude fcrupuleufe avec laquelle M. Fournier a approfondi l'hiftoire de l'Art qu'il profeffe & fur lequel il a écrit.

Il ne faut donc pas être furpris fi, perfuadé de fon mérite ainfi que de fa perfpicacité, cet Artifte renverfe impitoyablement tout ce que les auteurs anciens & modernes ont écrit fur l'Origine de l'Imprimerie. Selon lui, » Trithème, contemporain de Schoiffer, eft » un vieillard dont le récit eft rempli de » contradictions, & à qui la confufion d'idées a » fait dire des chofes qui n'étoient propres qu'à » égarer les lecteurs (c). Adrien Junius n'eft

(c) Differtation II, page 14.

qu'un conteur de fables, qui fonde ses «
preuves sur des discours de vieillards (d). «
Scriverius, Boxhorn, Rapheleng, & autres «
célèbres sçavans Hollandois, qui ont écrit «
sur cette matière, ne font que des défenseurs «
d'idées absurdes (e). Mentel de Château- «
Thierry ne donne que ses imaginations en «
guise de preuves (f). Le père Jacob, Carme, «
a emprunté ses idées de Mentel (g). Mal- «
linckrot écrit d'une manière qui fait peu «
d'honneur à sa pénétration (h). Gabriel «
Naudé, Médecin & Bibliothécaire des «
Cardinaux Bagni & Barbarini, puis du «
Cardinal Mazarin à Paris, soutient des choses «
qui blessent les lumières de la raison (i). «
Corneille Beughem ne fait qu'adopter ce «
que d'autres ont dit avant lui, au hasard «
de se tromper (k). André Chevillier, Doc- «
teur & Bibliothécaire de Sorbonne, écrit à «
la vérité une Histoire de l'Imprimerie, qui «
est une des plus sages qui aient été faites; «
& il n'avance rien qui ne soit éclairé du «
flambeau de la raison, ou dicté par le bon «
sens (l) «. Cependant, puisque sur quelques
articles il a consulté d'autres Imprimeurs &
d'autres Fondeurs que M. Fournier, » il «

(d) Dissertation II, p. 25.   (h) Idem, p. 38.
(e) Idem, p. 29.   (i) Idem, p. 42.
(f) Idem, p. 30.   (k) Idem, p. 44.
(g) Idem, p. 35.   (l) Idem, p. 40.

» n'a pu s'empêcher de tomber dans l'er-
» reur (m). *Wood*, Hiftorien Anglois, parle de
» l'Origine de l'Imprimerie en homme qui
» n'en a pas la moindre connoiffance, & ti-
» rant ce qu'il dit d'un fond d'ignorance (n).
» *Jean de la Caille*, Libraire de Paris, n'a fait
» qu'accumuler des erreurs dans fon Hiftoire
» de l'Imprimerie ; & c'eft un homme dépour-
» vu d'intelligence & de critique, qui brouille
» & confond tout, & à qui l'on ne peut pas
» même s'en rapporter fur les faits qui regar-
» dent fon pays & fa propre Communauté (o).
» Le troifième Jubilé Typographique, de
» 1740, a excité divers Auteurs à écrire fur
» l'origine de l'Imprimerie : mais ils fe font
» trompés tous fur plufieurs chefs, faute de
» n'avoir pas fait un apprentiffage de maîtres
» Imprimeurs & Fondeurs (p). *Palmer*, Im-
» primeur de Londres, parle dans fon Livre
» en homme qui a très-peu de connoiffances
» Typographiques. *M. de Boze* fe trompe,
» parce qu'il n'eft pas au fait de l'Imprime-
» rie (q). Il fe contredit lui-même, & il fe con-
» tente de copier les Auteurs, fans faire ufage
» de fa critique ni de fes lumières. *Profper*
» *Marchand* a raffemblé un nombre infini de
» matériaux capables de former un édifice

(m) Differtation II, p. 50.   (p) Idem, p. 50.
(n) Idem, p. 46.   (q) Idem, p. 74.
(o) Idem, p. 50.

parfait, s'il les eût employés avec un goût «
éclairé par la saine critique, & suffisamment «
ornés de connoissances Typographiques; «
mais sa critique n'a pas été assez éclairée «
pour l'empêcher de tomber dans les erreurs «
des autres, & il détruit d'une main ce qu'il «
établit de l'autre : il suit aveuglément Antoi- «
ne *Wood*, cet écrivain Anglois si peu ins- «
truit (r). L'ouvrage de *M. Munden*, de «
Francfort, n'est qu'une compilation de ce «
qui a déjà été dit, & une simple répétition «
des anciennes erreurs (ſ). Le livre de *M.* «
Wolff, à Hambourg, n'est qu'un recueil «
de contrariétés Typographiques (t) «. Il en
est de même de plusieurs autres dont M.
Fournier porte un jugement marqué au même coin. En un mot, tout le monde a tort, lui
seul a raison ; & c'est à lui seul que désormais
nous devons nous en rapporter.

Cependant M. Schœpflin a le malheur de n'ê-
tre pas de l'avis de M. Fournier ; &, dans le traité
qu'il vient de publier, il prend la liberté de re-
dresser ce Fondeur, & d'avancer un sentiment
différent du sien, mais appuyé sur de nouvelles
découvertes ; démarche qui ne pouvoit que
fâcher cet Artiste : aussi n'a-t-il pas tardé à
prendre la plume pour réfuter ce Sçavant.

M. Fournier commence par faire mention

(r) Dissertation II, pp. 75.　(ſ) Idem, p. 91.

2ᵉ.　　　　　　　　　　(t) Idem, p. 92.

de la diſſertation de M. Schœpflin, publiée en
1741, & inférée dans le tome XVII des Mémoires de l'Académie des Inſcriptions; & il dit
qu'il a répondu à quelques articles qu'elle con-
tient, dans ſon *Traité ſur l'Origine & les produc-
tions de l'Imprimerie primitive en taille de bois*. Il
ſera néceſſaire d'examiner ſes réponſes (*u*).

M. Fournier dit que M. Schœpflin a tort d'a-
vancer que Schoiffer trouva le ſecret de jetter
les Caractères en fonte, vers 1452, & il prétend reculer cette époque de pluſieurs années.
Pour prouver ſon ſentiment, il cite d'abord
la *Bible* ſans date qui a été, dit-il, commencée
vers ce temps, & qui eſt imprimée en Caractères mobiles de bois. Pour répondre à cette
objection, je ne citerai que M. Fournier lui-
même, qui, à la page ſuivante, met le commencement de cette Bible en 1450; & par conſéquent deux années plutôt. Or, en deux années de temps, Schoiffer pouvoit inventer bien
des choſes, pour perfectionner cet Art, &
par conſéquent l'argument de M. Fournier ne
prouve rien.

La ſeconde preuve, alléguée par M. Fournier,
n'eſt guère plus valable. Après la Bible, dit-il,
Fauſt & Schoiffer imprimèrent un *Pſeautier* en
1457; & un autre en 1459; tous deux encore
en Caractères mobiles de bois : & de-là il conclud que Schoiffer ne pouvoit pas avoir inventé

____

(*u*) Origine de l'Imprimerie, p. 60.

les Caractères de fonte, sept années auparavant.

Cette conclusion n'est pas plus juste que la première : car, 1°. les Caractères qui ont servi à l'édition de 1459 sont les mêmes que ceux qui avoient servi à celle de 1457, M. Fournier le dit lui-même (*x*) ; & par conséquent, il ne compte sept années de distance, que pour en grossir mal à propos le nombre ; tandis qu'il n'en devroit compter que cinq. 2°. M. Schœpflin déclare que, de l'aveu général de tous les Experts qu'il a consultés, il falloit plus de six ans (*y*) pour rendre ce livre aussi parfait qu'il est ; & l'on sera d'autant plus porté à le croire, que, selon M. Fournier lui-même, l'impression en a été portée à un dégré de perfection *auquel n'a jamais pu atteindre aucun Typographe, soit ancien, soit moderne* (*z*).

Or, puisque cet Artiste lui-même, tout habile qu'il est, n'a pu atteindre à ce dégré de perfection, depuis tout le temps qu'il exerce son Art ; comment peut-il trouver étonnant que les premiers inventeurs y aient employé l'espace de cinq ans, pendant lequel temps ils ont été occupés, selon son propre aveu, tant à l'impression de la Bible, qu'à d'autres ouvrages encore ? 3°. Pour prouver que Gut-

---

(*x*) Orig. de l'Impr. p. 233.

(*y*) M. Schœpflin parle de *six ans* dans sa Dissertation. M. Fournier, en le citant, met *dix ans*. Est-ce méprise ? est-ce finesse de la part de notre Artiste ?

(*z*) *Idem*, p. 233.

temberg n'a eu aucune part à la fabrique du Pſeautier, M. Fournier dit que, dans la ſouſcription, Fauſt & Schoiffer ſont nommés comme les ſeuls Artiſtes. Mais il n'y a qu'à lire le Traité de M. Schœpflin pour ſe convaincre des ruſes & des inſcriptions équivoques, dont ces mêmes ouvriers ſe ſont ſervis pour ravir à Guttemberg la gloire qui lui étoit due, & pour s'attribuer à eux ſeuls l'honneur de cette invention.

Cette ſouſcription ne prouve donc rien en faveur du ſentiment de M. Fournier ; &, jointe aux argumens précédens, elle fait voir que cet Artiſte n'a rien démontré contre M. Schœpflin.

M. Fournier pourſuit ſa critique, & ſe plaint de l'indéciſion de M. Schœpflin au ſujet des Caractères ſculptés en bois ou en bronze : il en conclud que M. Schœpflin n'entend rien au méchaniſme de l'Imprimerie, & il critique un paſſage de la Diſſertation de ce ſçavant, où il avance *que les premiers Caractères étoient enfilés avec de la ficelle.* C'eſt le foible de M. Fournier de vouloir que tous les Auteurs, qui écrivent ſur l'Imprimerie, ſoient de ſa Communauté. Il regarde ce droit comme un privilège excluſif ; mais il ſera facile de le convaincre, par ſon propre exemple, qu'on peut être très-habile Fondeur, & cependant ſe tromper très-fort.

D'abord, pour ce qui regarde les Caractères de bronze, M. Schœpflin n'avance qu'un

fait généralement avoué de prefque tous les
Auteurs, & foutenu d'ailleurs par plufieurs pro-
babilités. *Trithème* le prouve clairement, en
difant que *Schoiffer* & *Fauft* trouvèrent la
manière de fondre les formes de toutes les Lettres de l'Alphabeth Latin, qu'ils appelloient
matrices, dont ils fe fervoient après cela pour
*fondre des Caractères de cuivre ou d'étaim, au
lieu qu'auparavant ils les tailloient à la main.*
Le *Speculum judiciale de Durand*, imprimé à
Strafbourg, par Huffner, 1473, (a) confir-
me ce fait dans l'infcription qui y eft jointe &
qui porte : *Prelucidum hoc opus. . . non calamo,
ut prifci quidam, nec penne tractu, quo ipfi frui-
mur; verùm (exfculptis) ære litteris. . confum-
matum & perfectum eft.* La même infcription
fe trouve à la fin d'un autre livre imprimé à
Strafbourg, 1476, portant : *Johannis Nider
precèptorii preclariffimum opus. . . Litteris fculp-
tis artificiali certè conatu ex ære.* Dans le procès de Guttemberg à Strafbourg, il eft queftion
d'un achat confidérable de plomb, pour lequel Dritzehen s'étoit rendu caution, & qui
fûrement n'a point été employé, ni pour la poliffure des pierres, ni pour quelqu'autre opération que la Typographie ; puifqu'il n'a été fait
qu'après la formation de la dernière fociété de
Guttemberg, laquelle n'avoit que ce feul objet.

(a) Differt. de M. Schœp-   Mémoires de l'Académie des
flin, inférée au tome XVII des Infcriptions, p. 783.

Dans la même procédure, se trouve la déposition d'un nommé Hans Dunne, Orfèvre,
qui déclare avoir gagné, depuis trois ans,
environ cent florins, que Guttemberg lui avoit
payés pour des choses appartenantes à la Typographie. Or il est aisé de voir que cet Orfèvre n'a fait ni la Presse, ni le Papier. Tout le
monde sçait que, dans ce temps, les Orfèvres
exerçoient aussi l'art de la Gravure : & nous
concluons de-là que Guttemberg a commencé par se servir de Caractères de bois ; que de-
là il a passé aux Caractères de plomb ; qu'il
s'est servi de cet Orfèvre pour les faire graver ;
& que ses successeurs, au lieu de plomb, y ont
employé du cuivre.

Il est vrai que M. Fournier ne veut point
de Caractères de cuivre ; mais les raisons qu'il
allègue contre, sont si foibles, qu'elles ne mé-
ritent pas seulement une réponse. Il prétend
(b) que les Caractères dont on se servit à Strafbourg en 1473 n'étoient pas sculptés, parce
qu'en 1460 on en avoit de fonte à Rome, à
Paris, à Venise. Cela peut être vrai ; mais les
Imprimeurs de Strasbourg en avoient de sculptés, qu'ils ont trouvé bons ; ils s'en sont servis.
M. Fournier peut-il y trouver à redire ?

M. Fournier prétend encore qu'il falloit trop
de temps pour faire une quantité suffisante de
Lettres sculptées. Je conviens avec lui que

____
(b) Observations, p. 16.

cette fabrique n'alloit pas si vîte que la Fonderie. Mais il se souviendra qu'on fit ces Caractères avant que les matrices fussent inventées, & que par conséquent il n'étoit pas question de choisir. Trithème le dit clairement, & je défie M. Fournier de prouver le contraire.

M. Fournier se divertit aux dépens d'un de ses Confrères (c), parce que celui-ci dit que les premiers Imprimeurs se servoient de Caractères de laiton & de fer : poliment il ajoute « que c'étoit là une *petite addition au ridicule* « des Lettres de cuivre façonnées au couteau; « puisqu'on n'entend, par laiton, que du cui- « vre réduit en lames minces, nullement pro- « pre à rendre la figure des premiers Carac- « tères connus ». Mais, malheureusement pour M. Fournier, ce *ridicule* ne tombe que sur lui. Si, au lieu de s'en rapporter au François de sa nourrice, il s'étoit voulu donner la peine de chercher dans le Dictionnaire de Trévoux, il auroit trouvé que laiton ne signifie pas du cuivre réduit en lames minces; mais une masse quelconque d'un métal factice, qui se fait avec du cuivre rouge, dans lequel on mêle de la calamine, &c.

Il en est de même du ridicule que cet Artiste veut jetter sur ce que M. Schœpflin dit (d) que les premiers Caractères de bois étoient enfilés. Il soutient qu'il y auroit eu une impos-

(c) Orig. de l'Impr. p. 6.   (d) Observations, p. 62.

B

fibilité phyfique que des Caractères, ainfi enfilés, euffent pu réfifter à l'effort de la Preffe,
fans autre affujettiffement. Mais qui lui a dit qu'il
n'y en a pas eu d'autre ? Il ajoute, que ç'auroit
été très-incommode de défaire chaque ligne
pour corriger une faute. J'en conviens : mais
les premiers Artiftes n'étoient pas fi habiles,
comme M. Fournier. C'eft un malheur pour
eux de n'avoir pu profiter de fes confeils. Cependant, pour ajouter foi au fentiment de M.
Schœpflin, il nous fuffit de fçavoir que Specklin, célèbre Architecte & Géomètre du feizième fiècle, nous déclare avoir vu ces Caractères, pour ne plus douter de leur exiftence.
Et, fi M. Fournier affure que Specklin a pris
le cran des Lettres pour des trous, nous le
prierons de prouver ce qu'il avance ; &, en attendant, il nous permettra de croire qu'un Géomètre, un Méchanicien, un Ingénieur, tel que
Specklin, fçavoit faire la différence d'un trou
à une entaille.

M. Fournier continue fa critique fur la Differtation de M. Schœpflin ; & il trouve mauvais
qu'un homme de fon mérite ait adopté le récit de
quelques auteurs qui font de Pierre Schoiffer,
un Domeftique. M. Fournier a raifon de dé-
fendre l'honneur de fa Communauté, en niant
que Schoiffer ait été Domeftique. Mais, mal-
heureufement pour lui, Trithème, contemporain de Schoiffer, & qui dit tenir ce qu'il nous

apprend de l'Origine de l'Imprimerie, de la bouche de ce même Schoiffer ; ce Trithème le nomme, *famulus Faufti* ; & jufqu'ici tous les Dictionnaires ont rendu ce mot par Domeftique. Je ne parle pas maintenant de la qualité de *puer*, que Fauft, le maître de Schoiffer, lui donne, & qui n'eft pas fufceptible d'une meilleure interprétation. Au refte, M. Fournier a tort de confondre les mots de Domeftique & de Valet : un compagnon logé, nourri, gagé par fon maître, eft un Domeftique de ce maî-tre, mais il n'en eft pas le Valet.

Ces Obfervations fuffifent pour faire juger du poids de la critique que M. Fournier a faite de la Differtation de M. Schœpflin ; & je pour-rois maintenant continuer l'examen que ce mê-me Fondeur a entrepris des *Vindiciæ Typo-graphicæ*. Mais, puifqu'il m'a donné lui-même occafion de parler de fa Differtation fur l'Ori-gine de l'Imprimerie, vous me permettrez, Monfieur, de profiter de cette occafion pour y faire encore quelques remarques.

En faifant paffer en revue tous les Auteurs qui ont écrit fur l'Imprimerie, cet Artifte attaque auffi *M. Ihre*, Profeffeur des Belles Lettres à Up-fal (e). Ce Sçavant, dans la Differtation qu'il a pu-bliée fous le titre d'*Ulphilas illuftratus*, foutient que les Lettres du fameux *Codex Argenteus*, ont été imprimées fur le Vélin par le moyen d'un fer

(e) Differtation, page 106.

chaud. M. Fournier n'eſt pas de ſon avis ; & , pour le réfuter, il dit *que la raiſon n'admet point l'application d'un fer chaud ſur des feuilles volantes de Vélin, ſans qu'elles ne ſe retirent en tous ſens.* A cela, je réponds qu'il n'y a que la raiſon de M. Fournier qui n'admet point une pareille opération. Celle des Relieurs Allemands, non ſeulement l'admet, mais, qui plus eſt, elle en fait uſage tous les jours. J'ai été témoin moi-même de cette operation : je n'ai jamais vu que la feuille de Vélin, qu'on avoit ſoin d'arrêter aux bords, ſe retirât. M. Fournier peut m'en croire ſur ma parole ; & , s'il en doute, je ſuis en état de lui en montrer des exemples.

En faiſant le procès à la ville de Harlem, le ſieur Fournier renverſe tout ce que d'autres en ont dit, & il finit par révoquer en doute juſqu'à l'exiſtence de *Laurent Coſter*. Il ſera bon de raſſembler les preuves de notre Critique, & de les examiner. 1°. *Ceux qui dépoſent en faveur de Coſter ſont des vieillards qu'on ne nomme point, à qui on ne donne ni Titres ni Etats qui puiſſent autoriſer leur témoignage.* 2°. *Les Auteurs qui défendent la ville de Harlem, ne ſont point d'accord ſur le nom de l'Inventeur de l'Imprimerie.* 3°. *Le Speculum ſalutis, attribué à Coſter, n'a rien de commun avec la Typographie : & ſon Donat de Hollande, n'a jamais exiſté.*

Quant au premier argument de M. Fournier, j'avoue que je ne sçais plus que penser de la bonne foi de cet Artiste. De deux choses l'une, ou il n'a pas lu les Auteurs qu'il cite, ou il supprime à dessein ce qu'ils disent, en tâchant de jetter de la poudre aux yeux de ses Lecteurs. Le Public en jugera. *Adrien Junius*, Auteur du seizième siècle, est le premier qui parle de *Laurent Côster*. Il rapporte ce qu'il en dit, d'après le témoignage de *Nicolas Gallius* & de *Quirinus Talesius*. Le premier étoit un Homme de Lettres, & Précepteur de *Junius*; l'autre étoit Bourguemaître de la ville de Harlem : & tous les deux assurent tenir ce qu'ils avancent de la bouche d'un nommé *Cornelius*, Relieur, & Ouvrier au service de Côster, & dont celui-ci se servit pour exécuter ses ouvrages. Ce sont là les propres paroles de Junius. Or je demande, après cela, comment M. Fournier peut-il assurer en face du Public, que ceux qui déposent en faveur de Côster font des vieillards qu'on ne nomme point, & à qui on ne donne ni Titres ni Etat qui puissent autoriser leur témoignage ?

La seconde preuve de M. Fournier est de même calibre que la première. Il dit que les Auteurs qui défendent la cause de Harlem, *ne sont point d'accord sur le nom de l'Inventeur.* Ce défaut d'accord n'est fondé que sur l'ignorance de M. Fournier, qui ne sçait ni le Hol-

landois, ni les usages reçus chez tous les peu-
ples du Nord de ce temps. Adrien Junius nomme ce Coster, *Laurentius Jansonius Costerus*, &
ce nom latinisé veut dire en Hollandois, *Laurentz Jantz* ou *Jansen Koster*. De ces trois noms,
le premier est le nom de batême ; le second
est le nom particulier de la personne, selon
l'usage du temps, où la plupart des particuliers
en Hollande, dans la partie septentrionale de
l'Allemagne, en Dannemarck & en Suède,
n'avoient point d'autre nom de famille, que
le nom de batême de leur père ; par exemple, Jacob Peterson, c'est-à-dire, Jacques fils
de Pierre ; Hinric Larson, c'est-à-dire, Henri
fils de Laurent : & c'est de cette manière que
Coster s'appelloit Laurentz Jantz ou Jansen,
c'est-à-dire, Laurent fils de Jean. Quant, enfin, au nom de Coster, ce n'est pas proprement un nom, mais plutôt une qualité. M.
Fournier en convient lui-même ; mais il donne
à ce nom une interprétation de sa façon, en
faisant passer Coster pour un Sacristain. S'il
s'étoit voulu donner la peine de lire l'expli-
cation que Junius en donne, ou s'il avoit
jugé à propos de la rapporter, il auroit ajouté
à son récit, >> que la charge de Coster, à
>> Harlem, étoit alors une charge très-riche
>> & très-honorable, laquelle étoit hérédi-
>> taire dans la famille qui portoit ce surnom cc.
Tel est le rapport de Junius (*a*) : ceux qui

____

(*a*) Hadr. Junius, in Batav., pag. 255 & seq.

en ont écrit depuis n'ont fait que le copier.
Si quelques-uns en diffèrent un peu, ce n'est
que parce qu'ils étoient, à cet égard, dans la
même ignorance que le sieur Fournier. Il ne
faut que remonter à la source, pour voir dispa-
roître les ténèbres qui offusquent les yeux de
nôtre Critique.

Pour ce qui regarde enfin la troisième preuve de M. Fournier, elle se réduit à la critique
des Livres attribués à Coster; sçavoir le *Speculum humanæ salutis*, & le *Donat*. Il nie l'existence du dernier, & il refuse la qualité de Livres imprimés à tous les deux. Mais, de bonne
foi, peut-on nier l'existence du Donat ? Quand
la Chronique de Cologne, sur certains faits,
seroit encore plus fabuleuse que M. Fournier
ne le prétend, la manière dont elle parle des
Donats la rendroit digne de foi, du moins en
cette partie. La Chronique de Cologne dit
que l'Art de la Typographie a été inventé à
Mayence; mais que la première idée en a été
tirée *des Donats de Hollande*; donc les *Donats
de Hollande* existoient, non feulement du temps
du Chroniqueur, mais, qui plus est, c'étoit un
livre très-connu. La façon de parler du Chroniqueur l'insinue clairement.

Quant à la qualité de Livres imprimés que
M. Fournier refuse, tant au *Donat* qu'au *Speculum*, je n'entrerai point dans une discussion
qui dégénéreroit en Logomachie, & je puis

m'en difpenfer d'autant plus facilement, que
cette dénomination, quelle qu'elle foit, ne fait
rien au fentiment de M. Schœpflin, qui ne
revendique d'autre gloire à Cofter, que celle
d'avoir, le premier, entrepris l'exécution d'un
Texte fuivi, avec des Caractères fixes, fculptés dans des Tables de bois.

Je finirai l'examen de cette Differtation par
un trait qui feul fuffira pour faire connoître la
Logique de M. Fournier. A la page 206 &
feq., M. Fournier, en examinant les deux
Exemplaires de la *Bible* fans date, qui fe trou-
vent à la Bibliothèque du Roi, & à celle du
Collège des Quatre-Nations, affure que ce
font deux Editions différentes, & il le prouve
inconteftablement. Il ajoute que les Caractères qui ont fervi à leur impreffion, étoient
fculptés de bois. Il dit enfuite qu'il a calqué
plufieurs lignes fur l'Exemplaire du Roi;
qu'il a appliqué ces lignes fur l'Exemplaire des
Quatre-Nations; & que ces lignes rentroient,
lettres pour lettres, les unes fur les autres,
comme fi elles euffent été calquées fur ce mo-
dèle. Mais M. Fournier qui eft Artifte, lui
qui obferve lui-même la différence des lettres
dans cette Bible, & qui de cette différence
tire la preuve la plus forte pour en conftater
qu'elle a été exécutée avec des Caractères faits
à la main; comment peut-il foutenir cette
égalité parfaite des Caractères? De deux cho-

fes l'une, ou M. Fournier a mal obfervé, ou les Caractères en queſtion ſont de fonte.

Il en eſt de même de l'Obſervation de cet Artiſte, à la page 218, ſur l'Inſcription qui ſe trouve à la fin de la Bible d'Eggeſtein, imprimée en 1468, & qu'il ſoutient être fauſſe; parce que, dit-il, il n'eſt pas poſſible de croire qu'en 1468, & par conféquent dix ans après l'invention des Caractères de fonte, Eggeſtein ait été réduit à faire des Caractères ſculptés. Le raiſonnement de notre Critique auroit quelqu'apparence de vérité, ſi Eggeſtein avoit commencé à fabriquer les Caractères dans la même année où il s'en eſt ſervi pour l'impreſſion de la Bible. Mais, 1°. la choſe n'auroit pas été poſſible; parce que, ſelon la démonſtration de cet Artiſte même, il falloit un temps bien conſidérable pour fabriquer un nombre ſuffiſant de Caractères. 2°. Il falloit également bien plus d'une année, pour achever l'impreſſion de la Bible. Et, quand même l'une & l'autre opération auroient pu ſe faire dans l'eſpace d'une année, il n'eſt dit nulle part qu'Eggeſtein ait fabriqué des Caractères exprès pour l'impreſſion de cette Bible. Il pouvoit poſſéder ces Caractères depuis pluſieurs années; il pouvoit s'en être ſervi pour d'autres ouvrages; il pouvoit les avoir trouvé bons, & par conféquent les avoir employés. M. Fournier peut-il l'en blâmer?

Mais il eſt temps de quitter l'examen de la Diſſertation, pour paſſer à celui des Obſervations ſur les *Vindiciæ Typographicæ* de M. Schœpflin.

A la page 5 de ſes Obſervations, M. Fournier proteſte qu'il écrira avec tous les égards dus au mérite perſonnel d'un Auteur ſi recommandable. En cela il faut croire M. Fournier ſur ſa parole : &, par conſéquent, lorſqu'il dit que l'Ouvrage de M. Schœpflin n'eſt propre qu'à répandre de nouveaux nuages ſur l'hiſtoire de l'Imprimerie (*page* 5); lorſqu'il fait entendre que ſon Auteur eſt un Plagiaire (*page* 6); qu'il ignore la matière ſur laquelle il écrit (*page* 8); que, dans ſon Livre, les erreurs ſont accumulées (*page* 14); que les conſéquences qu'il tire de ſes exemples ne ſont propres qu'à jetter dans l'erreur (*page* 17); qu'il eſt incapable de faire la diſtinction entre les Lettres écrites à la main & imprimées (*page* 21); qu'il eſt un homme à préjugés, & qu'il s'y livre ſans faire uſage de ſa critique (*page* 29); qu'enfin l'Ouvrage de M. Schœpflin n'établit rien de nouveau; qu'il eſt de la nature de ceux qui ont plutôt nui à l'hiſtoire de l'Art, qu'ils n'ont contribué à éclaircir ſes opérations; & que ce traité n'eſt propre qu'à épaiſſir les ténèbres qui enveloppoient l'hiſtoire de l'Imprimerie (*page* 48); il faut croire, dis-je, après la proteſtation de M.

Fournier, qu'en se servant de pareilles expressions, il a fait usage de toute la politesse dont il
étoit capable.

Après ce préambule, M. Fournier entre en
matière, & débute par une assertion fausse
qu'on pardonneroit aisément à la vanité d'un
Artiste qui s'élève à la qualité d'Auteur, si
la manière dont elle est proposée ne devenoit
pas offensante pour M. Schœpflin. Non seulement il s'attribue la gloire d'être *le premier qui
ait fait remarquer que l'Art de l'Imprimerie étoit
dû à celui de la Gravure en bois;* mais il ajoute
que M. Schœpflin, qui n'avoit pas fait la moindre
mention de cette Origine dans son premier Ouvrage sur l'Imprimerie, l'établit *positivement dans
celui qu'il vient de publier en* 1760*; mais de manière à laisser croire qu'il a fait lui - même cette
découverte.* On ne sçauroit plus formellement
accuser quelqu'un de plagiat : mais le lecteur va
juger de la valeur de cette imputation. Le sieur
Fournier dit que M. Schœpflin, dans son premier ouvrage, ne fait pas la moindre mention
de l'Origine de l'Imprimerie, comme étant
une suite de la Gravure en bois : ce Sçavant
néanmoins, après avoir donné dans cet ouvrage une idée générale de ladite Gravure, y dit
en termes exprès : »Rien de plus naturel que «
de passer des tables gravées sur bois, aux «
Lettres de bois détachées ; de celles-ci, aux «
Lettres sculptées en métaux ; enfin aux Ca- «
ractères moulés «.

C'est ainsi que s'exprime M. Schœpflin, en 1741. Vingt années après, arrive un Fondeur qui le répète, & qui s'annonce pour être le *premier* qui ait fait remarquer que l'Art de l'Imprimerie étoit dû à celui de la Gravure en bois, & qui traite M. Schœpflin de plagiaire. Que le lecteur juge lequel des deux mérite ce nom.

Au reste, tout ceci n'est pas une découverte de nos jours. Il y a plus de deux siècles que Trithème a dit, que l'Art Typographique a commencé par les tables fixes ou les Caractères immobiles ; la chronique de Cologne assure la même chose ; M. Schœpflin ne parle que d'après ces témoins contemporains : cependant c'est M. Fournier qui le *premier* a fait cette découverte !

A la page 8, le sieur Fournier trouve mauvais que M. Schœpflin donne le nom de véritable Art Typographique aux Caractères mobiles sculptés : selon lui, ce nom n'est dû qu'aux Caractères moulés. Pour décider ce procès, le public n'a qu'à lire la définition de la Typographie que M. Schœpflin a mise à la tête de son livre : je défie M. Fournier d'y trouver à redire. Mais, pour la comprendre, il faut sçavoir le Latin ; pour l'attaquer, il faut être Logicien ; & l'un & l'autre ne paroissent pas être le fort de notre Fondeur. Quant à la Logique, nous en trouverons une preuve dans le sujet même. Ce Cri-

tique refuſe la qualification de véritable Typographie aux Caractères ſculptés : cependant, dans ſon Traité ſur l'Origine de l'Imprimerie, il reconnoît le Pſeautier de Fauſte,
imprimé à Mayence en 1457 avec des Lettres mobiles ſculptées, pour un *chef-d'œuvre
Typographique* : il répète les mêmes expreſ-
ſions à pluſieurs repriſes, & il finit par dire,
» que l'impreſſion de ce livre a été portée à «
un dégré de perfection auquel n'a jamais «
pu atteindre aucun Typographe ſoit ancien «
ſoit moderne (*a*) «. En parlant de la Bible ſans
date, imprimée ſelon lui avec des Caractères
mobiles de bois, il ajoute encore cette ré-
flexion : » On ne fait pas une entrepriſe ſi «
hardie avec un Art naiſſant. . . Cette édi- «
tion-là même eſt proprement imprimée ; «
les Lettres, qui ſont mobiles, ſont ſi correc- «
tes qu'elles annoncent *plutôt la perfection* «
de l'Art que ſon commencement «. Que peut-
on conclure de ces différentes aſſertions de
M. Fournier ? Il en réſulte que des Livres
parfaitement bien imprimés, des chefs-d'œuvre de l'Art Typographique, ont été imprimés avant l'invention de l'Imprimerie. Telle
eſt la Logique de M. Fournier.

A la page 9, M. Fournier conteſte l'au-
tenticité de la Bible de Mentel ; & il trouve mal
que M. Schœpflin la cite comme un moyen

______
(*a*) Origine de l'Impr. pp. 230, 232.

de juger des époques des Caractères mobiles
de bois, en la confrontant avec la Bible d'Eggeſtein. J'eſpère d'abord que M. Fournier ne
niera pas l'exiſtence de cette Bible, quoiqu'il
ne l'ait point vue. Je conviens encore avec lui
que, ſi la copie que M. Schœpflin nous offre
d'une feuille de cette Bible, eſt exactement
conforme à l'original, il eſt à préſumer qu'elle
ſoit plutôt exécutée en Planches fixes, qu'en
Lettres mobiles. Les raiſons qu'en donne M.
Fournier ſont ſans réplique. Mais cet Artiſte,
comment peut-il argumenter de ces copies,
lui qui les traite d'informes? lui qui prétend
prouver (*page 23*) que le Graveur qui a rendu ces exemplaires étoit peu habile, & *qu'il
n'avoit pas ſçu rendre le Caractère tel qu'il étoit.*
Si donc, ſelon l'aveu de M. Fournier, les Caractères ne ſont point rendus tels qu'ils ſont
dans l'original; comment ce Fondeur peut-il,
de leur conformation, tirer un argument contre le ſentiment propoſé par M. Schœpflin?
Je conclus de tout ceci, qu'on doit ajouter
foi à M. Schœpflin, qui a vu la Bible de Mentel, & qui étoit en état d'en juger, quoiqu'il
fût mal ſervi par ſon Graveur. Je conclus
encore, que M. Fournier ne doit point être
écouté, puiſqu'il n'a point vu l'original, &
qu'il n'en juge que par une copie qu'il traite
lui-même d'informe.

À la page 13, M. Fournier décide que M.

Schœpflin s'eſt trompé, en diſant que le *Dé-cret de Gratien*, & les *Offices de Cicéron*, im-primés chez Eggeſtein, à Straſbourg, en 1471 & 1472, ont été exécutés avec des Caractè-res ſculptés de bois mobiles. Il allègue pour raiſons, 1°. La parfaite égalité des Caractères; M. Schœpflin déclare qu'ils ſont inégaux. A qui des deux faudra-t-il s'en rapporter ? Il s'en trouve un Exemplaire en Sorbonne ; je l'ai exa-miné moi-même : j'ai trouvé que M. Schœp-flin a raiſon. Il eſt vrai que M. Fournier exige que, pour en juger, il faut être Imprimeur : cet-te qualité me manque ; mais, de bonne foi, eſt-elle ſi indiſpenſable pour juger ſi les Lettres dont un livre eſt compoſé, ſe reſſemblent ou non ? La ſeconde raiſon que M. Fournier rapporte pour prouver ſon ſentiment, c'eſt le temps où ce livre a été imprimé. Mais j'ai déjà fait voir plus haut, que cette raiſon n'en eſt pas une : on pouvoit imprimer, à Rome, avec des Caractères de fonte, dans le temps qu'à Straſbourg on imprimoit avec des Carac-tères ſculptés. La troiſième raiſon de M. Four-nier, & qui ſelon lui eſt ſans réplique, c'eſt le petit Caractère qui entoure le texte, & qui n'a jamais pu s'exécuter en bois. Il ajoute que c'é-toit là ce que M. Schœpflin paroiſſoit ignorer, faute d'être ſuffiſamment initié dans la connoiſ-ſance des Caractères Typographiques. Mais le Lecteur verra clairement que, ſi quelqu'un pèche ici par ignorance, ce n'est surement pas M. Schœpflin. Son Critique convient d'abord lui-même (a) que ces premiers Artistes exécutoient des choses *impossibles* aujourd'hui ; & de - là je conclus que l'incapacité des Modernes n'est rien moins qu'une preuve contre l'habileté des Anciens : je m'en rapporte à M. Fournier, qui doit s'y connoître. Sans cependant avoir recours à cet expédient, il me suffit de remarquer que M. Schœpflin n'a dit nulle part que les Caractères qui ont servi à l'impression du Gratien étoient de bois. Cette imputation est tout-à-fait gratuite, de la part de M. Fournier, & elle n'est pas la seule de cette espèce. Cet habile Fondeur impute très-souvent à ses Antagonistes des erreurs auxquelles ils n'ont jamais songé, pour avoir ensuite l'honneur de les combattre. M. Schœpflin dit uniquement que ce Livre a été exécuté avec des Caractères sculptés ; il le prouve par l'inégalité desdits Caractères : mais il ne dit pas que ces Caractères ont été de bois ; il assure au contraire, dans plusieurs endroits, que les Imprimeurs de Strasbourg, de ce temps, se servoient de Caractères de bronze. Mais son Livre est écrit en Latin, & c'est ce que M. Fournier *paroît ignorer*, pour me servir de ses expressions.

A la page 17, M. Fournier attaque M.

(a) Dissert. I, page 39.

Schœpflin

Schœpflin qui dit » que les Caractères «
sculptés, dont on se servit à Strasbourg en «
1470, étoient plus beaux & plus parfaits «
que ceux de fonte, dont Schoiffer a fait «
usage en 1459 «. Pour combattre avec avan-
tage, il fait d'abord dire à M. Schœpflin des
choses qui ne sont pas dans le texte. Cet Aca-
démicien parle de Lettres sculptées en général, sans parler de la matière dont elles étoient
composées ; & M. Fournier, en le citant, fait
entendre qu'il parle de Caractères de bois.
Ensuite, pour le réfuter, il dit que Schoiffer
publia cette année le *Rationale Durandi* ; &
il ajoute, que les Caractères employés à l'ouvrage sont les mêmes dont cet Imprimeur se
servit, en 1465 & 1466, pour les deux éditions
des *Offices de Ciceron*. Cela mérite d'être
prouvé ; & M. Fournier s'en acquitte en disant, pour toute raison, que son Etat lui per-
met d'en juger. Cette démonstration n'est-elle
pas de la dernière évidence ? Il continue, en
disant que » ces deux Editions sont infi- «
niment supérieures, en toute manière, à tout «
ce qu'on a imprimé à Strasbourg, jusqu'en «
1470 «. La preuve qu'il nous en donne est, à
peu près, du même poids que la précédente.
Il a, dit-il, sous les yeux des originaux des uns
& des autres. Je veux l'en croire sur sa parole.
Mais ces originaux sont-ils les seules produc-
tions des Presses de Strasbourg de ce temps ?

C

M. Fournier ne fçauroit le foutenir. A-t-il vu
le *Soliloquium Hugonis* ? A-t-il vu la *Bible*
d'Eggeftein ? Il a vu des ouvrages médiocres ;
de-là il conclud, à fa façon, qu'il n'y en a pas
eu de bons. Que diroit-il d'un Etranger qui
jugeroit de l'habileté des Fondeurs de Paris,
par les Caractères employés à l'impreffion des
Livres de la Bibliothèque bleue du Pont-
Neuf ?

A la page 19, M. Fournier critique l'exemple d'une Bible de Mentel, produit par M.
Schœpflin, & il ajoute ɔɔ que ce Sçavant au-
ɔɔ roit dû marquer fi la Soufcription, qui eft
ɔɔ au bas, eft manufcrite ou imprimée ᴄᴄ. Il
répète le même reproche à l'égard du quatrième exemple produit par M. Schœpflin, &
poliment il ajoute encore que cet Auteur n'en
avertit pas, ɔɔ fans doute faute d'en avoir pu
ɔɔ faire la diftinction ᴄᴄ. J'aime à me perfuader
que M. Fournier eft honnête-homme, & par
conféquent incapable de mettre, à deffein,
dans fon Livre, une fauffeté ouverte : de-là je
conclus tout naturellement que M. Fournier
n'a point lu le Livre qu'il réfute ; car, s'il l'a-
voit lu, il y auroit trouvé tous les éclaircif-
femens qu'il foutient ne pas y être. S'il veut
fe donner la peine de fe faire traduire le Livre
de M. Schœpflin, il trouvera qu'à la page 42,
cet Auteur dit que Mentel n'a point imprimé, dans fa Bible, une notice fur le temps

de l'Impreſſion & ſur le nom de l'Imprimeur ; *mais qu'un Ecrivain y avoit ajouté à la fin, en couleur rouge, ces paroles : Explicit, &c.* M. Schœpflin prend la même précaution à la page 43 de ſon Livre, au ſujet de ſon quatrième exemple. Il me ſuffit d'avoir cité les paſſages, je laiſſe au Lecteur à faire les réflexions que l'imputation de M. Fournier fait naître.

A la page 24, M. Fournier trouve »qu'il «ſeroit bien peu honorable à la ville de Straſ-«bourg, d'avoir ignoré la perfection d'un Art «dans un temps qu'il étoit pratiqué, avec ſuc-«cès, dans d'autres villes «. Il prend enſuite la défenſe de cette Ville, en ajoutant que ſa pré-tendue ignorance n'exiſtoit que dans l'idée de M. Schœpflin. Pour répondre à cette remar-que, je prie d'abord M. Fournier de ſe ſouve-nir que l'on n'ignore pas un Art pour ne le point pratiquer : que, par conſéquent, Eggeſ-tein ayant de beaux Caractères ſculptés, qu'il avoit fait faire pluſieurs années auparavant, pouvoit très-bien ſe paſſer de ceux de fonte, & faire ſervir les ſiens à ce qu'il jugeoit à pro-pos, ſans déshonorer ſon Art.

A la page 25, M. Fournier déclare »qu'il «eſt bien perſuadé que non ſeulement Men-«tel & Eggeſtein ne ſe ſont jamais ſervi de «Caractères mobiles de bois, comme le veut «M. Schœpflin, mais que cette partie de «l'Art n'a même point été exercée à Straſ-«

bourg «. A cette perfuafion de M. Fournier, fondée fur des raifonnemens femblables à ceux dont nous avons déjà vu plufieurs exemples, j'oppofe un fait que je le défie d'invalider. C'eft le témoignage pofitif de Specklin, Auteur refpectable du feizième fiècle, Architecte & Ingénieur de la ville de Strafbourg, & que M. Schœpflin cite page 37, lequel déclare pofitivement d'avoir vu les premiers Caractères & la première Preffe, qui exiftoient encore de fon temps, & qui donne la defcription des uns & de l'autre, d'après ce qu'il a vu. Pour infirmer ce témoignage, M. Fournier bat la campagne; mais il doit fe fouvenir qu'en bonne Logique, des raifonnemens vagues & des affertions doctorales ne détruifent pas des faits.

Je ne finirois jamais fi je voulois m'arrêter à relever toutes les méprifes de notre Critique; j'en pafferai donc plufieurs fous filence, pour aller à l'effentiel. M. Schœpflin, dans fes *Vindiciæ Typographicæ*, nous fait part d'une découverte très-importante pour éclaircir l'Origine de l'Imprimerie. Cette découverte confifte dans un Extrait des Regiftres du Grand Sénat de Strafbourg, concernant un Procès que Guttemberg eut à foutenir contre les héritiers d'un nommé André Dritzehen, de fon vivant affocié de Guttemberg pour l'Imprimerie. Par cet Extrait, il paroît clairement qu'en

1438, Guttemberg avoit une Preſſe & une Imprimerie montée à Straſbourg. Le fait eſt indubitable; les dépoſitions des Témoins ſont ſi claires, que M. Fournier même n'oſe révoquer le fait en doute. La diſpute, entre M. Schœpflin & le Fondeur, ne roule que ſur un ſeul article. Guttemberg s'eſt-il ſervi, à Straſbourg, de Caractères mobiles? ou n'a-t-il imprimé qu'avec des Planches fixes ? M. Schœpflin ſoutient le premier. M. Fournier, au contraire, par une Logique à ſa façon, nous aſſure (*page 29*) que les pièces de la procédure de Guttemberg ont induit M. Schœpflin en erreur, & que l'erreur de M. Schœpflin l'a fait mal entendre les pièces de la procédure : partant il conclud que M. Schœpflin a tort, & que Guttemberg n'a imprimé à Straſbourg qu'avec des Planches fixes.

M. Schœpflin, Allemand d'origine, juge du fait par les pièces du procès; il les produit à la face de toute l'Europe ; & tous les Gens de Lettres qui entendent cette Langue, ceux de Mayence même, ſont de ſon avis. En effet, les dépoſitions ſont ſi claires, qu'il faut vouloir douter, pour y trouver de l'obſcurité. C'eſt le cas où M. Fournier s'eſt trouvé. Il ne ſçait pas l'Allemand ; &, par ce que j'ai déjà fait voir, il ne paroît guère plus avancé dans la connoiſſance du Latin. Il ne pouvoit donc entendre ni le Texte original, ni la Traduction

Latine très-exacte que M. Schœpflin y a ajoutée.
Pour y suppléer, il s'est fait faire une Traduction Françoise par M. Duby, autrefois Invali-
de, aujourd'hui Interprète à la Bibliothèque
du Roi pour les Langues Teutoniques ; très-
honnête-homme, pour ce qui regarde son caractère ; mais n'ayant qu'une très-foible con-
noissance des Lettres, & qui conviendra lui-
même des progrès qui lui restent encore à faire
pour sçavoir à fond les Langues qu'il interprète. Sur cette Traduction de M. Duby,
notre Critique, assis sur son Tribunal, juge en
dernier ressort, & condamne M. Schœpflin. Le
Public va juger de l'Arrêt.

Pour infirmer l'opinion de M. Schœpflin, son
Critique commence par dire (*page* 30) qu'il
ne rapporte que quelques fragmens du procès de Guttemberg. M. Fournier se trompe,
le procès se trouve tout entier à la fin du livre de ce Sçavant. L'exposition de la contes-
tation, la déposition des Témoins, & l'Arrêt du Sénat qui condamne la Partie adver-
se de Guttemberg ; ce ne sont pas là des fragmens.

M. Fournier poursuit (*page* 32) en disant
» que les Témoins qui déposent dans la pro-
» cédure, conviennent que Guttemberg avoit
» formé une Société pour plusieurs Arts &
» Secrets, dans laquelle André Dritzehen
» étoit entré.... que la plus grande partie des

» Témoins ne fçait rien de plus ; & qu'aucun
» d'eux ne connoiſſoit la nature de ces Arts &
» Secrets «. Il y a dans cet expoſé beaucoup
d'artifice, pour ne rien dire de plus, de la part
de M. Fournier.

De treize Témoins qui dépoſent pour la
Partie de Dritzehen contre Guttemberg, cinq
ne font mention que de l'Imprimerie, & ne
dépoſent que des choſes relatives à elle. Huit
parlent de l'argent que Dritzehen a emprunté
pour l'objet de ſa Société contractée avec Guttemberg. Les Témoins qui dépoſent pour
Guttemberg, font tous enſemble mention de
l'Imprimerie, & ne parlent preſque que d'elle.

De ſeize Témoins, en voici donc huit qui, dans
leur dépoſition, ne parlent que d'Imprimerie.
Cependant, ſelon M. Fournier, la plupart de
ces Témoins ne parlent que d'une Société de
pluſieurs Arts & Secrets ; ils ne ſçavent rien de
plus, & aucun d'eux ne connoiſſoit la nature
de ces Arts & Secrets.

Après avoir attaqué les Témoins en général,
il critique auſſi leurs dépoſitions.

Il ſeroit inutile de rapporter ici ces dépoſitions dans toute leur étendue. Vous les trouverez, Monſieur, dans le Livre de M. Schœpflin ; il ſuffira d'en produire ici le réſultat. En
les examinant, il conſte :

1°. Que trois ans avant la mort d'André
Dritzehen, & par conſéquent dès l'année

1435, Guttemberg étoit occupé à l'Imprimerie (*a*).

2°. Qu'en 1438, l'Imprimerie étoit déjà établie, & que la Presse alloit. La chose est hors de doute, puisque, lors du décès de Dritzehen, Guttemberg envoya son domestique dans la maison du défunt où la Presse étoit, avec ordre de la déranger, afin que personne ne pût y rien connoître (*b*).

3°. Que cette Imprimerie n'étoit point composée de planches fixes, mais de Lettres mobiles. Ce fait subsistera, malgré les efforts de M. Fournier, pour le rendre incroyable; & il sera facile de le prouver. Dans les dépositions, il est fait mention de quatre pièces qui étoient dans la Presse, & qui composoient le Texte. Sans doute que ces quatre pièces formoient les quatre pages? Le sieur Fournier en convient lui-même, ainsi je n'ai que faire de le prouver. Mais ces quatre pièces étoient-elles quatre planches gravées? ou étoit-ce quatre Formes composées de Lettres mobiles? Pour soutenir le premier, le sieur Fournier fait traduire l'Allemand à sa guise, & conformément à ses idées. Il sera aisé de le convaincre de son erreur. Il est question d'un ordre donné par Guttemberg à Beildeck son domestique, de faire une opération à la Presse, qui pût ca-

(*a*) Voyez la Déposition de Hans Dunne.   (*b*) Déposition de Beildeck.

cher le secret, & empêcher les gens qui la verroient, de deviner ce que c'étoit. Pour cet effet, il lui dit *d'aller à la Presse, de l'ouvrir par le moyen de deux vis qui y étoient ; qu'alors les pièces tomberoient en séparation ; qu'il devoit prendre ces pièces & les mettre dans la Presse ou dessus la Presse, & qu'alors personne ne pourroit y rien voir ni deviner* (*a*). Or, je demande à chaque lecteur, comment quatre planches mises dans une Presse, & serrées par deux vis, peuvent tomber en séparation dès qu'on relâche les vis ? Qui ne voit qu'elles resteroient en place, à la différence près qu'elles ne seroient plus serrées ensemble ? Je demande encore comment, en mettant ces quatre planches sur la Presse, le public, qui les auroit vues, n'auroit pas pu deviner ce que c'étoit ? Selon le sieur Fournier même, l'Art de graver en bois étoit alors une chose très-connue à Strasbourg : si cela est, il me semble qu'il ne falloit pas être magicien pour deviner à quoi devoient servir des planches sur lesquelles il y auroit eu un texte gravé à revers, & qui se trouvoient sur une Presse.

Mais, pour achever de nous convaincre, il n'y a qu'à ajouter, à la déposition de Beildeck, celle d'un nommé Safpach (*b*). Dans le temps que Guttemberg envoya son do-

(*a*) Déposition de Beildeck.   (*b*) *Ibid.*

meſtique à la Preſſe pour la décompoſer, un autre aſſocié, nommé *Antoine Heilman*, étoit occupé à prendre la même précaution : il ſe rendit pour cet effet chez un Tourneur nommé *Conrad Saſpach* qui avoit fait la Preſſe, & il lui dit : *Mon cher Conrad, comme André Dritʒehen eſt mort, & que vous avez fait la Preſſe & avez connoiſſance de la choſe, allez-y donc ; prenez les pièces hors de la Preſſe, & les décompoſez ; & alors perſonne ne ſçaura ce que c'eſt.* On obſerve ici deux opérations différentes & clairement diſtinguées : il falloit premièrement ôter les pièces de la Preſſe ; il falloit enſuite les décompoſer. M. Fournier ſe donne ici la torture pour prouver que cet ordre ne regardoit que la ſéparation des planches ; mais il ſe trompe fortement : car, 1°. l'opération commandée par Heilman eſt, comme le texte le prouve évidemment, une opération à faire ſéparément à chacune des quatre parties qui étoient dans la Preſſe : *Prenez*, y eſt-il dit, *les pièces hors de la Preſſe, & les décompoſez.*

2°. Le mot Allemand *ʒerlegen*, que je rends par *décompoſer*, & que M. Schœpflin dans ſa traduction Latine a très-bien rendu par *disjicere*, a été très-mal traduit par l'Interprète employé par M. Fournier, lequel s'eſt ſervi du mot François *ſéparer*. *Séparer*, en Allemand, veut dire *trennen*. *Zerlegen*, au contraire, veut dire *défunir*, *décompofer* : il y a plus, ce terme a refté confacré dans les Imprimeries Allemandes. Pour décompofer une forme, on dit encore aujourd'hui, *zer-legen* ou *ablegen*. Je ne répète pas ici ce que j'ai déjà obfervé par rapport au motif qui fit donner cet ordre. On vouloit cacher au public le méchanique d'un Art, dont on efpéroit de gros profits. Cela ne pouvoit avoir lieu, s'il avoit été queftion de planches gravées, qui, quoique féparées, auroient toujours trahi le fecret. Une feule auroit fuffi pour faire voir de quoi il étoit queftion ; tandis qu'il n'en étoit pas de même des fimples Lettres défunies & brouillées enfemble.

4°. Il réfulte, de ces dépofitions, qu'en 1438 Guttemberg & fa Société paroiffent déjà avoir abandonné les Caractères mobiles de bois, & qu'ils ont employé des Caractères fculptés en métaux. La chofe paroît hors de doute par cet achat confidérable de plomb qu'André Dritzehen a fait depuis la formation de la dernière fociété. Ce plomb ne pouvoit avoir fervi à la fabrique des miroirs, qui faifoit un objet de l'ancienne fociété, ni à la poliffure des pierres qui en étoit encore un objet ; puifque, ni l'une, ni l'autre de ces fabriques demandoient un emploi confidérable de plomb. M. Fournier affure qu'on ne peut pas dire que ce plomb puiſſe regarder l'Imprimerie, puiſque Guttemberg n'a jamais fait uſage de Caractères de *fonte*. Mais cette raiſon ne vaut rien, dès qu'il eſt prouvé que Guttemberg a employé des Caractères de *métaux ſculptés*. Et c'eſt ce qui paroîtra inconteſtable, lorſqu'on voudra faire attention à la dépoſition du nommé Hans Dunne, Orfèvre de Straſbourg, qui déclare que, depuis trois ans, il avoit gagné près de cent florins, que Guttemberg lui avoit payés, pour de l'ouvrage, par lui fourni, appartenant à l'Imprimerie. J'ai déjà remarqué, plus haut, que les Orfèvres de ce temps étoient en même temps Graveurs ; & que de-là il étoit à préſumer que c'étoit ce Hans Dunne dont Guttemberg ſe ſervit pour faire ſculpter ſes Lettres.

5°. Il réſulte enfin, de ces dépoſitions, que la ſociété de Guttemberg a été continuée à Straſbourg. M. Fournier prétend que non ; & la raiſon qu'il en donne, c'eſt que cela ne ſe voit par aucun monument Typographique. Mais cette raiſon n'en eſt pas une. Cet Artiſte peut-il ignorer que, bien des années après, les Imprimeurs ne mettoient point leurs noms à leurs Ouvrages, puiſqu'il étoit queſtion de les faire paſſer pour manuſcrits ; & que, par conſéquent, bien des Livres peuvent avoir été imprimés à Straſbourg, quoique, faute d'indication, on ne ſçauroit le prouver ? Je foutiens, au contraire, & fans crainte d'être démenti, que cette fociété a été continuée. 1°. Parce que les héritiers de Dritzehen prétendoient y être reçus à la place de leur frère ; que Guttemberg n'en a point voulu, & que ce fut là le fujet du procès entre eux & lui. 2°. Parce que Mentel & Eggeftein, fucceffeurs de Guttemberg à Strafbourg, n'ont pas inventé leur Art ; qu'ils l'ont appris à Strafbourg ; & que, felon toutes les apparences, ils étoient employés, l'un & l'autre, dans les ouvrages de cette fociété. 3°. Parce qu'il y a des ouvrages fans date, très-anciens, & qui ne peuvent être fortis que de la Preffe de Guttemberg & de fes affociés. Mais, dit M. Fournier, ces ouvrages ont été faits à Mayence. Ce n'eft pas le tout de le dire, il faut le prouver ; &, en attendant que M. Fournier s'en acquitte, il nous pardonnera, fi nous refufons de prendre fes affertions pour des oracles.

Par tout ce que je viens de dire, vous jugerez maintenant, Monfieur, de la folidité de la Critique que M. Fournier a faite du livre de M. Schœpflin : vous conviendrez, avec moi, que le fyftême de ce Sçavant demeure inébranlable : & tous les Gens de Lettres conclueront, avec vous, que M. Fournier feroit mieux d'exercer fon Art, que de critiquer les

Sçavans ; qu'enfin M. Schœpflin doit écrire des Livres, & que M. Fournier doit fondre des Caractères pour les imprimer.

J'ai l'honneur d'être, &c.

FIN.